Dinheiro Rastreável

De título ao portador a título nominal

27/06/2014

r12820301

PIX

Distopia que se passará em algum lugar do futuro não muito distante de nossa era atual.

Depois dos episódios da grande pandemia do coronavírus CV19 que assolou a humanidade e que neste momento em que esta história foi escrita ninguém tem ideia de como e para onde sai a humanidade e a sociedade humana na terra diante dos terríveis fatos e atos que tomaram as autoridades em toda parte do mundo.

Depois do lockdown forçado, das repercussões econômicas e das consequências catastróficas de longo prazo que cicatrizaram profundamente a expectativa das pessoas que sobreviveram ao covid19 não sabemos o que mais poderia acontecer ao nível mundial que pudesse rivalizar com os fatos presentes.

Ninguém poderia prever em sã consciência que um dia o mundo pararia. Que ficaríamos todos os humanos trancafiados em casa - fique em casa – agora todos os aeroportos estão vazios, as aeronaves não voam. As escolas ficaram vazias por um ano letivo. As pessoas não podem sair de casa.

Isso poderia se repetir?

O autor deste conto é cientista político, analista de sistemas, estudou engenharia elétrica, e foi técnico em planejamento e pesquisas econômicas e sociais no governo do Brasil.

Roberto da Silva Rocha (TPP desde 1998) Mestre em Ciência Política pela UnB em 1995 e bacharel em Ciência Política pela UnB em 1998. Foi servidor público desde 1975 tendo atuado em análise de sistemas computadorizado até o ano de 1998, foi professor voluntário na UnB e lecionou em várias faculdades Sociologia, Administração de empresas e Análise de Sistemas. Assessor Técnico no GDF em 1995 e em 2011 atuando no programa Orçamento Participativo. Pesquisa alguns temas no Ipea em 1998 até 2000 na DISOC temas de educação, Ongs, participacionismo e programas de renda complementares.

Nascido no Rio de Janeiro em 1955 morou em Brasília desde 1970 até o final de 2020. Foi professor universitário em sete faculdades, lecionando 23 disciplinas diferentes e escreveu outros manuscritos que pretende transformar em ebooks.

Pai de seis filhos e divorciado. Mudou-se para Santa Catarina onde vive na cidade de Itajaí, paraíso na terra.

PIX

Pouco se deu conta da maior revolução da civilização desde que se inventou o dinheiro de papel – na verdade de fibra de tecido – na China que substituiu a moeda nas relações de trocas comerciais desde o tempo do velho salário romano in natura.

A criação da moeda e do dinheiro foi uma evolução do sistema de escambo que foi absorvido pela moeda de metais preciosos com o seu peso em ouro e prata, algumas vezes em bronze, cobre e ferro.

Em algumas civilizações ouve variantes em conchas marinhas e outros objetos raros cartas de baralho em algum momento da história da colonização americana dado a qualidade das cartas de baralho e a grande popularidade dos carteados nos saloons do velho oeste.

A medida de credibilidade do dinheiro como instrumento fiduciário que como indica este qualificativo tem seu curso e aceitação pública dependente da confiança e fé pública exigindo a intermediação de uma autoridade monetária para garantir o livre curso muitas vezes obrigatório e a fiscalização e controle da base monetária dos meios circulantes das diversas moedas.

Como em todo mercado a circulação de qualquer bem patrimonial cria excedentes e sinestesias que são moedas e bens virtuais associados ao meio de circulação de patrimônio.

Quando você produz um bem com valor financeiro ele cria uma variedade de sinestesias e custos marginais como transporte, impostos, taxas, depósitos de armazenamento, movimentação e financiamentos acessórios que podem multiplicar o valor de etiqueta do bem dezenas de vezes, inclusive alugueis e o próprio valor de venda do bem patrimonial ou bem de consumo não durável, ou não durável.

Quando se percebe que a moeda física em circulação cria moedas virtuais de modo complexo estava dada a senha para a criação da própria moeda virtual digital invisível. As criptomoedas.

O fim das moedas físicas é a penas uma questão prática pois a moeda real fisicamente usada representa apenas um quinto da circulação monetária desde a invenção da moeda e do dinheiro, uma parte devido aos financiamentos e empréstimos outra parte criada pelos depósitos à vista e pelas dívidas públicas e títulos fiduciários.

Então o PIX faz parte desta estratégia de eliminar o último vestígio de moeda ao portador a moeda física com meio circulante por todos os problemas que um objeto simbólico produz em suas externalidades.

Estamos no fim da era dos negócios sigilosos e do fim do sigilo bancário e monetário.

O PIX vai se fundir com a criptomoeda sem o cripto e adjudicar ao Estado a completa transparência de qualquer transação patrimonial e destruir a privacidade completa dos cidadãos. Exceto se o cidadão deixar de sê-lo e viver totalmente apartado da sociedade.

O PIX representa a ponta do iceberg de um projeto de sociedade inteiramente novo o qual eu chamaria de Societarismo Conglobado.

Uma mudança tão extensa no modo de vida humano que nem os seus formuladores tiveram a compreensão completa holística da nova sociedade que está nasacendo.

O covid19 apenas nos antecipou que as relações sociais anônimas e coletivas precisarão de uma completa revisão. A ideia de uma sociedade livre passou a ser a maior utopia tendo em vista do enorme controle das liberdades individuais adjudicadas às autoridades diante das demandas de segurança coletiva e segurança social.

A ideia de orçamento público socialmente regulado apontado para as demandas socialmente prioritárias vão se somando às outras demandas que pareciam desconectadas da agenda pública indicadas por grupos influentes na sociedade como os ecologistas e os grupos que lutam pela diversidade e ao mesmo tempo pela uniformidade de tratamento dispensado para as antigamente consideradas minorias, criando novos direitos para a natureza e para os entes animais, Novos alvos da ingerência do judiciário nas relações de direito público.

É neste cenário que se desenha a nova sociedade que para muitos parece uma volta ao comunismo ou ao socialismo, mas não é isso, apenas a falta de compreensão do novo sempre remete ao medo da novidade e nestas circunstâncias nos agarramos ao que já experenciamos no passado tentando compreender o presente para olharmos com alguma segurança para o futuro.

Esse é um passo sem volta chamado novo normal que vai mudar para sempre a humanidade como a conhecemos e não será a cv19 será a nova concertação da finança global sem globalismo e sem iluminatis que vai sendo forjada pela rede mundial de computadores que transforma da noite para o dia um "caneta azul" do nada pelo Tik Tok e quem não compreender esse novo canal de vivência nunca entenderá em que mundo estamos vivendo onde não existem mais janelas, nem portas, nem muros para se esconder porque o olho do seu celular e seu notebook estará sempre vigiando seu modo de vida e consumo para se antecipar aos seus desejos e assim prover os provedores de ideias, de comida, de roupas, de diversão aquilo que você nem sabia que estava procurando e desejando.

Chegamos perto do Estado totalitário benevolente e socialmente modelado pelas demandas dos principais próceres e líderes sejam nas artes, política, desportos, intelectuais, religiosos, cientistas, que estarão encaminhando as demandas sociais no maior fórun do mundo não conduzido por nenhuma autoridade que é a rede social da internet.

Será uma sociedade sem cara e sem uma definição clara de tendências homogeneizadas, será uma mistura metamórfica mutante e regionalizada e ao mesmo tempo globalizada sem um pólo geográfico localizado de referência onde a mudança será a única coisa que nunca vai mudar.

A economia vai mudar, o jeito de viver e de se divertir vai mudar, a religiosidade vai mudar, o jeito de estudar e de aprender vai se livrar das fileiras de cadeiras nas salas de aula, o mundo virtual que começou mal com muitos pilantras que desacreditaram o e-comerce estão isolados em sua canalhice sobrando somente os criadores de robôs internéticos e os criadores de vírus cibernéticos escondidos na deep web atacando a credibilidade da sociedade ligada pela http mundial.

É nesse cenário que o PIX se coloca como a ferramenta que fecha o círculo de concentração e controle mundial mudando totalmente o foco sobre a delinquencia institucionalizada e policiando de forma completa todo que quiser participar seguindo estritamente as regras do jogo o novo normal da sociedade afluente.

Já se foi o tempo que se poderia fazer um ataque anônimo às pessoas para tomar o patrimônio ou ofender a alguém sem ser localizado e bloqueado justamente na via exclusiva que insere ou exclui as pessoas no mundo que é a rede social internet. Exclusão da rede significa a antiprisão que é o pior castigo muito mais cruel do que ficar confinado em paredes concretas numa penitenciária.

Os excluídos da rede social digital estarão na prisão livre de acesso ao mundo virtual que paradoxalmente representa a sua prisão de consciência de participação total ao mundo enquanto sociedade internetial.

O Dinheiro Rastreável - PIX

Seria possível:

1. Evasão fiscal zero;
2. Roubos, furtos mínimos;
3. Inflação sob controle;
4. PIB instantâneo;
5. Planejamento econômico micro e macro
6. Monitoramento criminal;
7. Contrabando zero;
8. Tráfico zero;
9. Total planejamento administrativo, econômico e financeiro;
10. Falsificação zero de dinheiro;
11. Crimes contra o patrimônio zero;
12. Simplicicação da contabilidade.

Sabendo-se que os custos da burocracia são imanentemente dependentes e diretamente proporcionais à qualidade ética moral da sociedade.

A burocracia é o custo pago por toda a sociedade por causa do comportamento antiético dela.

Quanto mais desonestos os membros da sociedade as consequências óbvias são:

1. + normas sociais, legais, morais, financeiras;
2. + controles sociais, legais, morais, financeiros, políticos;
3. + leis financeiras, penais, constitucionais, civis;
4. + vigilância policial, legal, moral, religiosa;
5. + precauções nos negócios, na vida social, na sociedade;
6. + burocracia;

7. + custos, taxas, pagamentos, subornos, despezas indiretas;
8. + tempo de desempenho dos documentos e despachos;
9. + problemas para os cidadãos e autoridades;
10.   + fiscalização;
11.   + documentos são exigidos para atestar todos os passos, atos, fatos processos e até demais documentos;
12.   + requisitos;
13.   + exigências;
14.   + atestados;
15.   + comprovantes;
16.   + desconfianças;
17.   + garantias;
18.   + insegurança;
19.   + ônus;
20.   + inflação;
21.   + despesas;
22.   + mão de obra;
23.   + recursos burocráticos e legais;
24.   + demandas processuais no judiciário;
25.   + terrorismo;
26.   + tráfico;
27.   + subornos;
28.   + crimes;
29.   + contravenções;
30.   + ineficiência, incompetência, inefetividade, ineficácia.

A solução está pronta. Toda cédula de dinheiro é única e precisaria apenas ser convenientemente rastreada. E isto é possível. Por que temos a informática e a tecnologia da informação, a rede Internet e os meios suficiente de armazenamento de informações.

Bastaria passar pela máquina de autêntificação de transação as cédulas dos dois lados, do lado credor e devedor, ou do lado comprador e vendedor, ou do lado prestador e cliente que deverão deixar as impressões biométricas (fundo do olho, digital, voz, rosto) e o sistema automáticamente identificará o local pelas coordenadas do GPS ou similar, data e hora, reconhecer o valor e número de série das cédulas de dinheiro e informar a transação se transferência, pagamento, compra, câmbio ou empréstimo.

As sinestesias negativas deste novo sistema seriam:

1) Tentativas de burla através de mudanças no sistema de comércio para o sistema de escambos;
2) Tentativas de burla pela criação de credores e devedores fantasmas;
3) Tentativas de burla com credores e devedores de aluguel;
4) Tentativas de falsificação de registros de titulariedade de cédulas de dinheiro;
5) Tentativas de violação de bancos de dados de transações.
6) Tentativas de burla pela utilização de banco de dados para utilização do sistemas de escambos via rede de computadores;

Dependência = Dinheiro do Futuro

O cheque, o debênture, os títulos do tesouro, as ações, as faturas, os recibos, promisórias são todos documentos endossáveis e identificáveis, nominais e rastreáveis, como todo título patrimonial, como CRLV e escritura de imóvel.

Por isso os bens associados a estes títulos são de mais difícil circulação pelos meios ilegais.

Por que não tornar novamente a cédula de dinheiro novamente rastreável? Isto é possível pois:

1 – toda cédula de dinheiro possui identificação única;

2 – toda transação em dinheiro cedular deveria passar pela leitora de carácter óptico para as cédulas de dinheiro;

3 – todo estabelecimento comercial, financeiro, escritório comercial – jurídico – médico, caixas registradoras, hospitais, escolas, enfim todo estabelecimento que tenha a ocorrência de alguma transação em dinheiro deva possuir um leitor óptico de caracteres para cédulas de dinheiro;

4 – identificada a transação seria emitida a nota de transação financeira;

As vantagens seriam:

13.   Evasão fiscal zero;
14.   Roubos, furtos mínimos;
15.   Inflação sob controle;
16.   PIB instantâneo;
17.   Planejamento econômico micro e macro
18.   Monitoramento criminal;
19.   Contrabando zero;
20.   Tráfico zero;
21.   Total planejamento administrativo, econômico e financeiro;
22.   Falsificação zero de dinheiro;
23.   Crimes contra o patrimônio zero;
24.   Simplicicação da contabilidade.

Os custos da burocracia são imanentemente dependentes da qualidade ética e da moralidade social.

A burocracia é o custo pago por toda a sociedade por causa do comportamento antiético dela.

Quanto mais desonestos os membros da sociedade as consequências óbvias são:

31.   + normas sociais, legais, morais, financeiras;
32.   + controles sociais, legais, morais, financeiros, políticos;
33.   + leis financeiras, penais, constitucionais, civis;
34.   + vigilância policial, legal, moral, religiosa;
35.   + precauções nos negócios, na vida social, na sociedade;
36.   + burocracia;
37.   + custos, taxas, pagamentos, subornos, despezas indiretas;
38.   + tempo de desempenho dos documentos e despachos;
39.   + problemas para os cidadãos e autoridades;
40.   + fiscalização;
41.   + documentos são exigidos para atestar todos os passos, atos, fatos processos e até demais documentos;
42.   + requisitos;
43.   + exigências;
44.   + atestados;
45.   + comprovantes;
46.   + desconfianças;
47.   + garantias;
48.   + insegurança;
49.   + ônus;

50.   + inflação;
51.   + despesas;
52.   + mão de obra;
53.   + recursos burocráticos e legais;
54.   + demandas processuais no judiciário;
55.   + terrorismo;
56.   + tráfico;
57.   + subornos;
58.   + crimes;
59.   + contravenções;
60.   + ineficiência, incompetência, inefetividade, ineficácia.

Ao passar pela máquina de autêntificação da transação em cédula de dinheiro os dois lados, credor e devedor, ou comprador e vendedor, ou prestador e cliente deverão deixar as impressões biométricas (fundo do olho, digital, voz, rosto) e o sistema automaticamente identificará data e hora, o local pelas coordenadas do GPS ou similar, reconhecer o valor e número de série das moedas e informa a transação se transferência, pagamento, compra, câmbio ou empréstimo.

Os candidatos a agentes deste serviço de identificação de transferência de numerários poderiam ser:

1. Lotéricas;
2. ATM, conhecidos como terminais bancários;
3. Agências bancárias e caixas;
4. Lojas certificadas com NFE e CD;
5. Cartórios;
6. Agentes credenciados para esta prestação de serviço público;
7. Computadores, i-phones, tablets com certificação digital

da RF.

Capitalismo

O capitalismo é definido como:

Conjunto de práticas jurídicas, sociais, políticas e econômicas que se caracterizam por meio de um sistema de produção, distribuição, consumo de bens, definido como: propriedade privada dos meios de produção, trabalho assalariado, trabalho livre, sistema de mercado baseados na iniciativa e na empresa privados (BOBBIO,1997, p.141)

O capitalismo baseia a organização das empresas na racionalidade administrativa, baseado na expectativa da lucratividade, no processo de exploração do mercado através do emprego do capital, segundo a tradição weberiana.

Para os marxistas o sistema de produção capitalista produz e reproduz um padrão de exploração e da opressão do capitalista sobre o proletariado. O proletariado é explorado pelo processo de mais-valia relativa no qual o seu trabalho também se torna uma mercadoria no processo produtivo capitalista que lhe

devolve apenas o suficiente para a sua subsistência
precária suficiente para uma sobrevivência e apropria-se
assim de uma parte de seu trabalho não remunerado,
assim obtém o seu lucro.

O mercado

O mercado assim situado na perspectiva capitalista pós-
feudal caracteriza-se por um sistema de troca de produtos
e serviços mediante o ajuste de preços médios que variam
uniformemente a partir d função mercado que é ajustada a
partir de duas variáveis: demanda e oferta.
A oferta consiste no volume total de determinada
quantidade de mercadoria ou serviço que os produtores
oferecem ao mercado ou que estão dispostos a vender; a
procura ou demanda representa o lado dos compradores
ou consumidores dos produtos e /ou serviços.
A lei da oferta e da demanda diz que quanto maior a oferta
mais tende os preços a declinarem, quanto maior a
demanda mais tendem os preços a se elevarem
(SANDRONI, 1999, p.379).

O equilíbrio entre a oferta e a demanda ocorre quando a
quantidade ofertada iguala a quantidade demandada,
determinando o preço justo no modelo de concorrência
perfeita.

Concorrência perfeita

Partindo do modelo de concorrência perfeita (muitos compradores incapazes de influírem individualmente no preço, consumidores que tenham acesso à informação completa sobre o preço e condições de venda; facilidade de locomoção de mercadorias ou de compradores, homogeneidade dos produtos.
Uma vez examinadas estas condições idealmente concebidas resta analisar a radicalidade destas concepções do mercado.

Francois Quesnay (1694-1774) pregava o liberalismo baseado em dois princípios: propriedade privada e liberdade de ação. Neste caso o Estado deve abster-se de influir nestes dois princípios.

A partir dos princípios de Quesnay o filósofo inglês Adam Smith (1723-1790) desenvolveu a obra-prima do liberalismo, o apotegma da mão-invisível. A mão-invisível é um mecanismo metafísico do mercado capaz de harmonizar os interesses individuais e egoísticos, resultando no bem-comum que entrando no jogo do mercado dos fatores de produção (SANDRONI, 1999. P.565) enquanto imperasse a lei da livre concorrência, sem a intervenção atrapalhada do Estado, garantindo o equilíbrio natural do mercado.

O princípio da não-interferência

O conceito da mão-invisível de mercado criado por Smith e revisado por Arrow e Walrás continua presente na ideologia e no modelo econométrico do catecismo liberal. Não foi refutado, foi reformado.

A refutação do conceito, ou princípio, da mão-invisível será o objetivo principal deste trabalho, que analisará o modelo matemático, geométrico, da curva demanda-oferta.

As ideias do laissez-faire, laissez-passer baseiam-se no princípio da mão-invisível que explica a mística do equilíbrio geral dado pelas condições naturais do mercado perfeito.

O princípio da não-interferência é um paradoxo, mais, é uma aberração, uma concessão à lógica. Para que o princípio do equilíbrio endógeno dado pela mão-invisível seja possível é preciso negar a existência da premissa dos agentes autônomos que formam o mercado.

O princípio da mão-invisível compõe-se das seguintes premissas:

a) os agentes agem de modo egoísta e livres de interferências externas;
b) nenhum dos agentes possui mais recursos de decisão do os outros;

Silogismo: o resultado das ações dos agentes endógenos e heterogêneos assim definidos em a e b é o equilíbrio que só será perturbado com a quebra de uma destas condições, ou pela ingerência de externalidades.

Ora, qualquer perturbação pode provocar o desequilíbrio, inclusive a perturbação causada pela ação de qualquer agente endógeno no seu livre e cotidiano exercício de agente do mercado.

Partindo-se do princípio de que qualquer demanda é uma perturbação e que qualquer oferta seja uma perturbação no mercado, tanto que qualquer destes atos provoca o sistema a buscar um novo ponto de equilíbrio, então se pergunta: em que outra condição o mercado pode sair do ponte de equilíbrio?

Hipótese

Quando um dos agentes demanda um produto ou quando um dos agentes do mercado produz uma oferta ele dá causa à uma perturbação no mercado. Isto é o suficiente para provocar o desequilíbrio.

Ou seja, independentemente das externalidades, das liberdades dos agentes econômicos do mercado as ofertas e as demandas são suficientes para causarem desequilíbrio ou para forçarem o sistema em busca de um novo ponto de equilíbrio.

Quando um produtor introduz uma unidade nova no mercado ele está deslocando o ponto de equilíbrio anterior à introdução de uma nova unidade no mercado, produzindo um desequilíbrio. Se a demanda pela nova unidade introduzida explode (aumenta rapidamente, exponencialmente) o mercado pode acontecer de o produtor responder das seguintes formas:
a) aumentar os preços;
b) aumentar a produção;
c) quebrar por excesso de demanda; (demanda muito além de sua capacidade de produção marginal, colapsando a sua capacidade de financiamento, a sua capacidade logistica, a sua capacidade de reação no mercado)
d) afetar a concorrência;
e) conduzir o sistema a um novo patamar de equilíbrio.

Quando um coelho foi introduzido na Austrália,

rapidamente os coelhos tornaram-se uma praga, produzindo um grave desequilíbrio ecológico, pois que o coelho encontrou ali enorme quantidade de fatores favoráveis a sua reprodução.

Poderia ter acontecido o contrário, dos coelhos não se adaptarem às condições ambientais da Austrália e morrerem, ou dos coelhos reproduzirem-se até encontrarem um fator limitante a sua sobrevivência como espécie, entrando em equilíbrio com o meio ambiente ecológico.

Este paradigma do equilíbrio dado pelo mecanismo da mão-invisível é apenas uma das quatro possíveis alternativas de uma ação dos agentes homogêneos no mercado livre liberal, assim como no caso dos coelhos na Austrália.

Independentemente dos paradigmas dados para o valor-trabalho ou valor utilidade a questão epistemológica do equilíbrio de mercado definido no princípio da concorrência perfeita perde a sua força explicativa pela ação paradoxal contida no silogismo da oferta – demanda.

Se a oferta e a demanda são perturbações opostas no mercado de livre concorrência, perfeita, para o equilíbrio se alcançado não bastam as forças ocultas de mercado para restabelecer automaticamente o equilíbrio, cujo principal mecanismo foi construído na mística da mão invisível.

Quando um sistema de mercado livre recebe um choque de oferta ou um choque de demanda, no primeiro momento o sistema de mercado livre sai de sua posição de equilíbrio, momentaneamente. Isto é: ao receber um choque de oferta, supondo que não se sabe qual será a demanda que será recebida, pois demanda somente ocorrerá no instante seguinte, (princípio da não-simultaneidade) o mercado é deslocado de seu ponto inicial de repouso, que pode ser o seu ponto de equilíbrio ou não, supondo que o sistema não tende voltar sempre ao seu ponto de equilíbrio, (Isto não contraria o princípio da mão-invisível) equilíbrio entendido como preços iguais aos da curva de demanda.

Por outro lado, ao receber um choque de demanda o mercado é deslocado, da mesma forma que no choque de oferta, de seu ponto de repouso, que pode ser o ponto de equilíbrio ou não.

Para restabelecer-se o ponto de equilíbrio, em qualquer destes casos, podem ser observadas duas alternativas:

a) uma retração na perturbação (demanda ou oferta) até o

retorno ao ponto de equilíbrio;

b) uma reação da perturbação oposta à perturbação em intensidade tal que o equilíbrio seja restabelecido, ou seja, se a perturbação que provocou o desequilíbrio foi de um choque de demanda, então a ração oposta a esta deverá ser um choque de oferta, e vice-versa

Hipostasia da lei da oferta-demanda e sua refutação

Uma análise da dinâmica deste quadro indica as seguintes circunstâncias necessárias para os caminhos prováveis para o restabelecimento do equilíbrio:

a) Sentida a perturbação do choque a reação poderia ser tal que o sistema seja induzido a um equilíbrio instável, onde o preço final flutue (oscile) em torno de um valor central, variando uniformemente para mais e para menos indefinidamente, sem jamais estacionar no ponto central, o ponto médio, ou fazê-lo a longuíssimo prazo;

b) Sentida a perturbação do choque a ração pode ser tal que anule imediatamente a perturbação, alcançando-se o equilíbrio. (mão-invisível, leilão de preços – prix-crié);

c) Sentida a perturbação do choque a reação pode ser tal que o equilíbrio seja alcançado após uma única passagem pelo ponto de equilíbrio na direção oposta à do choque e posteriormente restabelecendo o equilíbrio na segunda tentativa.

Este conjunto-solução é conhecido como sistema amortecido. O caso (a) representa o subamortecimento; o caso (b) representa o superamortecimento; e o caso (c) representa o amortecimento crítico.

Considerando a perturbação do sistema de mercado livre como o resultado da ação arbitrária motivada pelo desejo de qualquer dos agentes do mercado livre, que pode ocorrer de modo aleatório e intempestivo, a correspondente reação também pode acontecer de modo arbitrário e aleatório.

Assim, o mecanismo da mão-invisível é apenas um dos casos particulares da três possíveis soluções do problema do sistema amortecido, no caso, um superamortecimento. As outras soluções possíveis são os casos de subamortecimento e amortecimento crítico.

Quando um sistema de mercado entra em oscilação (subamortecimento) os danos à instabilidade do mercado são persistentes e duradouros, deixando os agentes econômicos desorientados devidos às fortes oscilações com mudanças rápidas de direção, e intensas, em escalas opostas de valores de preços e de expectativas de mercado.

Modelo matemático do sistema amortecido

O sistema é perturbado pelas forças: F1, F2, F3.

$F1 + F2 + F3 = -Ky - c\ddot{y}$

O sistema amortecido é descrito por

$M\ddot{y} + c\ddot{y} + ky = 0$

A equação característica correspondente é

$l^2 + c/ml + k/m = 0$

As raízes são

$l1,2 = -c/2m \pm 1/2m \ddot{O}(c^2 - 4mk)$
ou
$a = c/2m$ e $b = 1/2m \ddot{O}(c^2 - 4mk)$
Então
$l1 = -a + b$ e $l2 = -a + b$
Caso (a) subamortecimento
$C2 < 4mk$ (raízes complexas conjugadas)

Caso (b) superamortecimento

$C2 > 4mk$ (raízes reais distintas)

Caso (c) amortecimento crítico

$C2 = 4mk$ (raízes duplas reais)

Soluções

Caso (a)

$b = iw$ onde $w = 1/2m \ddot{O}(c^2 - 4mk)$

l1 = -a + iw

l2 = -a - iw

A solução geral é:

$$Y(t) = e^{-at}(A \cos vt + B \text{ senvt}) = Ce^{-at}\cos(vt - d)$$

Onde

$$C^2 = A^2 + B^2 \text{ e tg } d = 3/A$$

Caso (b)

$$Y(t) = C_1 e^{-(a-b)t} + C_2 -^{(a+b)t}$$

$$b^2 = a^2 - k/m < a^2$$

Caso (c)

$$Y(t) = (C_1 t + C_2 t) e^{-at}$$

Condições do problema

F1 – perturbação

F2 – reação

F3 – amortecimento

$$F3 = c\ddot{y}$$

F2 – reação proporcional à perturbação

F3 – Depende das externalidades, condições ambientais (controles legais, sociais, políticos e da utilidades) m – inércia do mercado (proporcional à quantidade de agentes no mercado, produtores e consumidores)

c – constante de amortecimento (constante de proporcionalidade dadas pelas condições de contorno no mercado particularmente examinado)

O meio-ambiente, as leis, a sociedade tendem a empurrar o sistema de mercado para a sua condição de equilíbrio mais estável, ou seja, as perturbações F1 e F2 interagem com o sistema de mercado e com o meio-ambiente, sistema entendido com um conjunto de variáveis que exclui a demanda e a oferta.

Conclusão

Como se demonstrou a fábula da mão-invisível é uma simplificação arbitrária e reducionista (simplória) de um modelo de equilíbrio onde as ações opostas tendem a uma família de soluções (3) entre as quais o equilíbrio da mão-invisível constitui-se em uma solução particular verdadeira, apenas quando tratar-se de um dos resultados possíveis: o caso do superamortecimento, que equivale dizer que seria possível sempre acertar a solução do caso de sistema amortecido em uma única tentativa, na primeira passagem, onde todos os casos possíveis se resumissem ao superamortecimento.

Pergunta-se: qual a probabilidade de isto acontecer?

Bem, isto já assunto para um outro ensaio.

SISTEMISMO E SOCIETARISMO

Instrumentos Políticos do Sistemismo

O sistemismo utiliza-se de alguns instrumentos para fazer funcionar eficazmente o sistema social, possibilitando consequentemente que os seus objetivos sejam plenamente atingidos.

Alguns destes instrumentos não dispensam o poder de coerção e de coação, outros são normativos e administrativos, pois o sistemismo sendo um processo possui o seu método próprio.

Estes instrumentos já foram analisados e dissecados em capítulos anteriores desta obra, porém é preciso ressaltar que o processo de aperfeiçoamento está apenas começando, muita coisa há para ser feita, pois a dissecação do sistemismo e do societarismo está apenas começando, a partir deste instante é que se deve pensar os instrumentos específicos do sistemismo e do sistemismo centralizado, uma vez que a ideologia esteja consolidada e madura, o seu objetivo final esteja bem focalizado.

Estes instrumentos deverão ter uma forma diferente neste novo estágio, uma vez que este processo hesitante de consolidação tenha sido já superado, então já não haveria necessidade de agir com a cautela própria dos momentos iniciais de qualquer empreendimento pioneiro, então dá-se passos mais ousados no caminho da aceleração na direção da integração sistêmica, para que a nova geração não tenha que ensaiar os passos pioneiros num outro processo já superado, e se um outro meio mais eficiente para alcançar o poder for descoberto e formulado de modo racional, o sistemismo então será utilizado para acelerar esta mudança.

A mudança mais importante é cultural, representada pelo primado da ideologia, embora os instrumentos do sistemismo, já discutidos, estejam sendo revistos continuamente, a deficiência mais grave e a mais comum advém da dificuldade para lidar com as mudanças dos padrões culturais que ainda não ocorreram; a ausência de altruísmo.

Se as pessoas experimentarem por uma vez verificariam que no egoísmo predatório em longo prazo o resultado é o desastre sistêmico, não existe instrumento institucional capaz de detê-lo ou de revertê-lo sem a pré-disposição e a colaboração consentida, muitas comunidades têm experiências frustradas desta dura realidade, e muitas vezes desejam mudar esta situação porém falta-lhes a liderança legítima para coordenar esta mudança, e por não disporem-na, não entenderem ou por não conhecerem tais instrumentos procuram apelar para os seus próprios meios empiricistas, e desastradamente despendem tempo e recursos valiosos para obterem cooperação na direção da recuperação da unidade do sistema social abalado e desestruturado, principalmente quando constatam tardiamente que não conseguem executar os seus projetos comuns sozinhos heroicamente por sua conta e risco.

É preciso saber que o sistemismo dispõe de tais instrumentos e não se deve hesitar em utilizá-los, isto é, em lugar de diminuir o prestígio do empreendedor, ao contrário, oferecer uma oportunidade singular a cada membro da comunidade de coparticipação da construção do sistema social e político, propiciando um compartilhamento do poder e das responsabilidades a ele inerente, além disto a exemplaridade desta experiência marcante da força do sistemismo estimula as pessoas a expandirem a todos os setores da vida social o processo de trabalho cooperativo, estabelecendo um novo marco nas relações entre o poder e a sociedade. É para isto que servem estes instrumentos.

Teorias do Sistemismo centralizado e do Societarismo

Os novos processos constitutivos desta nova sociedade e do novo sistema econômico neste ambiente de grandes fusões e incorporações de empresas expressam-se através de duas novas teorias: uma sobre a sociedade e a outra sobre o sistema político-econômico.

A teoria sobre o sistemismo propõe-se a dar uma explicação, uma a mais, sobre a formação da sociedade humana por considerar insuficientes as teorias existentes quando aplicadas a este novo processo histórico e cultural da era pós-neoliberal.

Estas velhas teorias conhecidas que explicam o surgimento da sociedade constroem hipóteses teleológicas sobre a formação da sociedade humana em função de uma expectativa de justificação do processo político cultural que lhes abriga ou que lhes segue cronologicamente, as quais têm por objetivo a construção de um modelo do estado nacional, das formas e sistemas determinados de governo.

Assim, Thomas Hobbes, Jean Jacques Rousseau, Montesquieu, Hegel, entre outros construíram estas teorias que concorrem entre si pela primazia do estabelecimento do marco fundador da sociedade e das bases do estado nacional, e a estes se juntam agora as teorias do sistemismo e do societarismo centralizado.

Thomas Hobbes (1588-1679), filósofo inglês nascido em Westport, Wiltshire, publicou a sua obra mais famosa Leviatham (1651) onde nesta ele constrói uma hipótese sobre as origens da sociedade política e do pacto fundador da sociedade organizada em torno da única possibilidade que poderia retirar o homem de seu estado de natureza, expressão que Hobbes utilizou para representar uma situação em que sem qualquer forma de acordo entre os seres humanos todos estariam entregues à lei do mais forte, no que ele denominou de uma guerra de todos contra todos.

Somente um tirano poderia restabelecer a ordem geral que afastasse a ameaça permanente a que os indivíduos estão sujeitos no estado de natureza, para isto todos concordam que devam abrir mão e alienar o seu legítimo direito de defesa ao soberano em nome da construção da ordem legal absolutista que é adjudicada ao hegemom, para que este reine despoticamente sobre todos em nome da ordem e da paz.

Teoria do sistemismo

A crítica preliminar e suficiente que o sistemismo faz contra a hipótese hobbesiana é que esta teoria pressupõe a preexistência de um grupamento humano anterior ao estado de guerra de todos contra todos, uma vez que só existe disputa e conflito pela sobrevivência se existir anteriormente ao conflito uma arena constituída que engendre este conflito na população.

Antecedendo a qualquer forma de disputa vem o instante da formação de uma colônia ou outra forma de aglomerado humano, sem o qual não haveria a arena para qualquer tipo de disputa.

A disputa representada pela guerra de todos contra todos é uma representação pictórica da divisão assimétrica de privilégios e status naquela proto-sociedade.

Só é justificável haver disputas se houver diferenciação social e/ou escassez de algum fator limitante, tal como água, abrigo, alimento, propriedade de utensílios, e outros bens.

Admitindo-se que nesta proto-sociedade as diferenciações naturais, a aglomeração da massa crítica demográfica teriam induzido à especialização, presume-se que a primeira regra a ser estabelecida seria a regra da divisão de tarefas; a segunda regra social a ser estabelecida seria a da divisão assimétrica do trabalho social, em função primeiro das diferenciações das habilidades naturais, em segundo lugar em função da necessidade de prestígio e de riqueza, em terceiro lugar o imperativo da sobrevivência.

A primeiro critério naturalmente sugerido de divisão de tarefas seria aquele orientada pelo fator etário, justificado pela capacidade física e intelectual dos infantes e dos mais velhos; o outro seria o critério da divisão natural ditada pelo sexo, pelo menos em certos períodos e fases do ciclo reprodutivo relacionado aos cuidados da gestante e do nascituro, que inclui a amamentação e os cuidados com a segurança da prole no período imediatamente anterior e posterior ao parto até aquele instante em que alguma autonomia pode ser dada aos bebês em relação aos cuidados da infância.

O sistemismo credita a este momento histórico do início da divisão das tarefas e ao momento seguinte, o da divisão assimétrica do trabalho social, que se seguiu, o marco fundador da sociedade.

Para que o processo mais complexo da criação da sociedade, que é o momento em que a divisão assimétrica do trabalho social toma efeito, um pacto de sobrevivência tácito foi estabelecido, significando que todos abririam mão da autossuficiência em nome da total interdependência entre os membros da comunidade para o fornecimento recíproco dos serviços e produtos que seriam ofertados no mercado assim formado, então a partir daí não seria mais necessário o indivíduo;

a) construir o seu próprio abrigo,

b) confeccionar as suas roupas,

c) suas ferramentas,

d) suas armas,

e) caçar,

f) pescar,

g) plantar,

h) colher,

i) cuidar das doenças,

tudo isto passou a ser ofertado pelo mercado, e compartilhado pela sociedade através do sistema de trocas ou remuneração ao prestador de serviço e de produtos, graças à divisão assimétrica do trabalho social.

O problema passou a ser: quem ficaria com a melhor parte desta divisão assimétrica do trabalho social?

Para responder esta pergunta é preciso estabelecer dois eixos de investigação: o primeiro apoiado na teoria do conflito, onde cabe a hipótese ou teoria hobbesiana que é o critério da lei do mais forte, e no segundo eixo caberiam as outras hipóteses contratualistas a partir de Rousseau, Montesquieu e seus seguidores legalistas tal qual Hegel e

Kelsen que defendem o marco fundador do estado baseado em interesses recíprocos dos indivíduos em estabelecerem regras comuns de convivência social sobre as quais se fundaria o estado de direito.

John Locke construiu uma variante do pensamento de Hobbes apenas diferindo deste na definição do que seria o estado primitivo pré-contratual onde a propriedade privada seria criada a partir do acúmulo da poupança advinda do trabalho; então, o processo de criação do pacto fundador da sociedade e do estado nacional seria apenas para garantir o usufruto dessa propriedade.

Nesta variante lockeana, novamente o sistemismo questiona a antecedência da formação da demanda por um pacto de convivência o qual surge posteriormente à formação e da constituição da comunidade onde presumivelmente alguma forma de divisão de tarefas e do trabalho social já existiriam, daquela forma e condições já relatadas anteriormente neste capítulo.

John Locke também não resolveu o problema da organização do trabalho e da remoção dos obstáculos para o desenvolvimento da vida comunitária, impossível sem a divisão assimétrica do trabalho social, por um motivo muito simples: sem a divisão assimétrica de trabalho e de tarefas não sobraria tempo para formação patrimônio, para filosofar, para pensar, para criar e para pensar sobre o pensamento, o ônus das multitarefas levariam o indivíduo ao nomadismo tal qual vivem os indígenas na América do Sul em núcleos fragmentados sem estrutura social extensiva e permanente.

Jean-Jacques Rousseau, nascido em 28 de junho de 1712 em Genebra, foi um dos mais célebres pensadores sobre as origens da sociedade e do estado, tendo sido o mais pessimista em relação à sociedade, ao contrário de Hobbes, via, no estado de natureza do homem no período anterior ao da formação da sociedade, um ser puro e íntegro, que foi degenerado pelo convívio social, corrompido pelo processo de acumulação de riquezas e pelo desejo de ser proprietário.

Segundo Rousseau a sociabilidade do homem não é uma habilidade ou característica natural, o estado da natureza caracteriza-se pela suficiência do instinto selvagem, ao contrário, o estado de sociedade caracteriza-se pela suficiência da razão iluminista, positivista.

O homem natural é amoral, não compreende vícios nem virtudes, não precisa da sociedade.

O princípio da sociedade e dos vícios surgiu com a posse

de bens, ou seja, quando foi declarada a primeira propriedade privada.

Portanto, a desigualdade é quase nula no estado da natureza selvagem do homem, as desigualdades resultam da sociedade e das interações sociais, quando se fala em sociedade fala-se em desigualdade, segundo Rousseau.

Para Robert Mitchels quando se fala em organização fala-se em hierarquia, quando se fala em hierarquia fala-se em diferenciação social, fala-se em privilégios, portanto, fala-se em elites: não pode haver democracia num sistema organizado, para Rousseau, não poderá haver democracia fora do estado selvagem, ou seja, a sociedade é imanentemente antidemocrática.

Da vida social nasceram: a riqueza, a beleza ou lascívia, a dominação, a servidão, a paixão romantizada.

Da propriedade surgiu a necessidade de cooperação, a princípio, eventual, depois de curto e médio alcance, depois de longo prazo que ensejou a construção da sociedade, do seu sistema de divisão assimétrica de tarefas e do trabalho social, e do pacto social.

O paradoxo Rousseauniano consiste na negação do princípio de Mandeville onde este último defende a lógica da razão individual à despeito da racionalidade coletiva onde a racionalidade coletiva resulta da somatória das lógicas individuais, necessariamente, neste caso rousseauniano a lógica individual conspira contra a sociedade orgânica e sobrevaloriza o individualismo, tornando a resultante da agregação das racionalidades individuais um processo irracional.

Para negar o princípio da racionalidade mandeviliana, Rousseau nega qualquer racionalidade derivada do individualismo da sociedade, pois o homem somente seria racional fora da sociedade, segundo o princípio de que as desigualdades sociais não guardam qualquer relação com as habilidades individuais que diferenciariam os indivíduos, quer dizer, não são as virtudes ou os vícios que criariam diferenciações sociais.

As diferenciações sociais, segundo Rousseau, são virtualidades criadas pela e para a sociedade que é artificial e fictícia sem fundamento na natureza. "A desigualdade não é legítima do ponto de vista natural".

Para Rousseau do marco fundador da sociedade representou a destruição do Éden no qual vivia o ser humano em contato com a natureza, não existe outra razão para a existência da sociedade senão para evitar-se um mal maior já que a vida social é contingente e inevitável.

Novamente em Rousseau a propriedade é chamada como um imperativo categórico central para a teoria do marco fundador do estado de direito através de um pacto social onde a natureza da garantia oferecida sobre a proteção do direito à propriedade pressupõe um momento anterior que foi o momento de construção deste patrimônio, cujo processo não é explicitado por Rousseau, como se fosse algo já dado.

Novamente o sistemismo encaixa-se nesta lacuna para explicitar a importância do processo de construção do patrimônio que se quer proteger através do pacto social, cuja formação deste patrimônio somente seria factível através do processo de divisão assimétrica do trabalho social e da divisão de tarefas.

Charles de Secondat Montesquieu, nascido em 1689 no Castelo de Le Brède, França, contribuiu neste debate sobre a construção do estado de direito democrático com a teoria da separação dos poderes, colocando uma pedra sobre algum laivo remanescente de absolutismo, onde a divisão das tarefas políticas era importante para que o poder ficasse transparente e equitativo, pudesse ser fiscalizado, avaliado, ratificado e retificado pela sociedade.

Portanto, anterior à construção da sociedade política

formou-se a sociedade civil à qual a sociedade política, ou elite dirigente, serve como fórum organizador das relações de direito resultantes das interações sociais.

Antecedendo à formalização da sociedade civil a divisão das tarefas tomou forma no núcleo das clãs por contingência da aglutinação em aldeias dos grupamentos humanos multi-clãs os quais originaram as comunidades multifamiliares a partir da fixação sedentária da população e consequente organização social, construída mediante o pacto de divisão assimétrica do trabalho social, que antecederam a formação da sociedade civil e política.

Esta assimetria gerou e gera desigualdades e conflitos que devem e são administrados pelo sistema legal e pelos seus agentes dentro de formas diversas de governos e sistemas políticos os mais variados, da anarquia ao totalitarismo, passando por toda a gama de tipologia de sistemas e processos diferenciados de escolha dos representantes políticos, desde a eleição até o critério da hereditariedade, todos estes sistemas de composição e de representação de poder foram incorporados à cultura das sociedades em todos os recantos do mundo ao longo do tempo histórico.

A divisão assimétrica do trabalho social também é uma

divisão de privilégios e de status na sociedade, e este estágio deu origem a novos desafios às organizações criadas para exercerem o poder de controlar estes conflitos na sociedade.

Teoria do societarismo

Sobre este particular a teoria sobre o societarismo reflete a preocupação na organização das forças dirigentes e hegemônicas do sistema econômico que hoje estão em ebulição por causa da mudança no eixo condutor da sociedade que se desloca visivelmente do setor político para os setores econômicos.

Nem sempre foi assim.

Já vimos na história da humanidade a hegemonia da religião, da nobreza, das forças armadas e agora assiste-se o momento culminante dos vencedores da Revolução Francesa de 1789: os burgueses completaram o processo de tomada do poder na sociedade, com o completo afastamento da nobreza, da igreja e dos militares.

Neste momento trava-se uma disputa intraelite entre as burguesias comercial, financeira, industrial e agrária pelo controle do poder político e econômico.

O povo passou de ator, neste processo, a espectador.

No congloblalismo não existem papéis reservados para agentes solitários, independentes.

Os sujeitos são coletivos e estruturam-se através da coesão fornecida pelo interesse de grupo, não é o lucro suficiente para coalescer a unidade intrínseca do societarismo.

É necessário estudar e compreender a dinâmica e a importância política das ações do societarismo.

Para contraporem-se ao societarismo os indivíduos devem utilizar da mesma forma de organização dos societarismo, reunirem-se em formas conglobadas de representação, isto é: através de sujeitos coletivos, quer seja através de associações, sindicatos, clubes, ONG's, institutos e outras formas coletivas de representação de interesses.

Aquela forma de representação de interesses através da representação indireta parlamentar não mais representa ser confiável pois que o processo de escolha destes representantes está contaminado pelo enorme poder econômico do societarismo que manipulam e formatam as preferência dos eleitores e impedem que candidaturas legítimas consigam incorporar-se ao processo eleitoral em condições de disputar de forma equipotente o acesso aos cargos eletivos em todos os níveis de representação política contra os representantes do societarismo.

Já que foi desvendado o verdadeiro objetivo deste processo de centralização sistemista resta estabelecer o plano de luta que deve passar pela mudança cultural, onde as grandes religiões cristãs e budistas que apoiam-se no individualismo nas suas pregações pela busca da salvação individual da alma e na busca do aperfeiçoamento individual, já não estão mais sintonizados na direção desta mudança na cultura do individualismo da sociedade liberal para uma nova cultura solidária, por isto constituem os maiores obstáculos para uma mudança de atitude que acabará por ensejar a eliminação da sociedade individualista pelo societarismo econômicos justamente por causa da miopia trazida pelo individualismo metodológico imanente à estas culturas.

Resumo:

a) Categorias analíticas

Societarismo – Resulta na aglomeração de entidades jurídicas com o fim de fortalecer sua posição no mercado econômico e político quer seja através de fusões de empresas quer seja através de incorporações de empresas e empreendimentos temporariamente.

Centralismo sistemista – tipo de organização econômica onde as empresas em número reduzido delas hegemonizam o cenário econômico regional e transnacional, para obter vantagens em escala e para hegemonizarem as demandas no mercado através do controle oligopolístico da oferta de bens, serviços e oportunidades de consumo.

Sistemismo – define um tipo de organização da sociedade civil em grupos multidisciplinares, multiculturais, multiraciais, voltados para algum interesse comum para disputar seu espaço na arena política e econômica frente ao societarismo, com o objetivo de obter este reconhecimento de sua importância e força política e econômica, organizados através do fortalecimento de sua coesão interna orgânica fundado no altruísmo de seus participantes.

Círculo societário – partes daquilo que forma o sistema de organização do sistemismo substantivo concreto.

Divisão assimétrica do trabalho social – faz parte da estrutura da sociedade a divisão do trabalho social, vale dizer, das funções e papéis sociais que cada indivíduo se atribui dentro do sistema socioeconômico e cultural onde cada uma destas funções e papéis corresponde a sua capacidade ou as suas oportunidades de reposicionamento dentro do sistema social onde o indivíduo participa e dele obtém a recompensa pelo seu desempenho e participação de acordo com o seu status no sistema social de modo diferenciado.

Coesão – é o conjunto de crenças, normas, regras, procedimentos e expectativas que mantém o sistema funcionando e coalesce os indivíduos participantes do sistema social de modo funcionalmente organizado e produtivo.

Fator limitante - é aquele dentre os fatores imprescindíveis à vida o que existir em menor oferta, limitando o desenvolvimento ou a sobrevivência da população severamente, quando escasso, e sem o qual a população fica ameaçada de desaparecimento mesmo que abundem os demais fatores necessários à sobrevivência.

Massa crítica – é a quantidade limite mínima a partir da qual o início de um evento ou fenômeno se torna inevitável, tornando-se o ponto de ruptura de um processo a partir do qual ele é desencadeado.

Efeito grupo – quando uma massa de indivíduos ou partes

vivas ou inanimadas atinge determinado volume ou quantidade tal que a soma das partes supera o efeito delas somadas, na chamada sinergia.

Efeito sistema – quando uma massa de indivíduos ou partes vivas ou inanimadas no momento que agem em conjunto forma uma nova categoria de objeto com características distintas de suas partes componentes tomadas isoladamente, de modo quase irreconhecível, de modo que a decomposição das partes nem sempre torna inteligível a compreensão do todo.

b) As linhas mestras da ideologia do sistemismo pode ser assim descritas:
· fidelidade ao círculo sistêmico ao qual está filiado;
· submissão dos interesses individuais à vontade da maioria e o acatamento da vontade majoritária;
· dirigir os pensamentos e ações em harmonia com a comunidade, visando o bem-comum e a cooperação mútuas;
· procurar enquadrar-se nos círculos sistêmicos que lhes sejam afins, para poder cooperar e extrair destes autoestímulo e confiança;
· cuidar para que as leis e as normas sejam respeitadas; o mesmo também com relação à hierarquia, seja em que grau for;

· objetivo central do societarismo é o poder, e o sistemismo o instrumento melhor para rivaliza-lo;

· sistemismo não é somente força-bruta;

· sistemismo não é ideologia;

· sistemismo não é um fim;

· sistemismo não se autoregula;

· sistemismo não é autossuficiente;

· sistemismo não é só busca hedonista;

· sistemismo não é só poder;

· poder é a capacidade de impor a vontade, sem restrições;

· poder é capacidade de despertar temor;

· altruísmo não é simplesmente um sentimento abstrato e enlevado, é antes em meio de produzir a cooperação;

· a cooperação é um método de exponenciação dos esforços individuais;

· sistemismo é um aglomerado de pessoas com uma ideologia, e um elo de coesão forjado no altruísmo e hierarquia;

· a hierarquia é o meio ordenado de compartilhamento do poder;

· a anarquia é uma deformação da hierarquia onde todos os níveis hierárquicos tem o mesmo grau;

· sistemismo privilegia o coletivo;

· sistemismo tem o sentido plural;

· sistemismo abomina a desordem: prefere a legalidade à justiça;

· poder não se doa nem se recebe: ou se herda ou se conquista;

· poder é autossuficiente;

· poder é indivisível: compartilha-se pela hierarquia;

· poder permeia todas as relações sociais;

· a liderança é antes de tudo um método centralizado de comunicação;

· a coesão é o meio de obter a subordinação hierárquica;

· a ideologia provoca e mantém a coesão no sistemismo de forma duradoura e eficiente;

· a justiça é um meio dos cidadãos exercerem o seu poder dentro das normas legais do sistema, através da atuação de seus instrumentos institucionais específicos;

· a ordem é a base para o exercício pleno da hierarquia;

· processo de acumulação do conhecimento é um esforço debitado ao sistema para exponenciar a capacidade humana de realizações;

· a divisão assimétrica do trabalho social é o fator de eficiência do sistemismo: as máquinas exponenciam o esforço humano multiplicando a massa crítica pelo número de pessoas que ela seja capaz de substituir assim como o conhecimento também é um fator exponenciador do trabalho;

· círculo societário é o responsável pela acumulação, pela transferência e propagação do conhecimento;

· poder pertence ao líder que deve compartilhá-lo através da hierarquia, de acordo com o nível hierárquico;

· poder é inerente e imanente ao ser humano;

· sistemismo é escravo das leis e das normas;

· a escravidão é a negação da natureza humana;

· círculo societário cresce quando os seus membros progridem;

· a força do sistemismo está na coesão de seus membros;

· a ideologia deve ser, antes de tudo, fator de coesão do sistemismo;

· a coesão é o cimento do sistemismo: sem ela não há;

· sistemismo tem a prerrogativa da força bruta, que vem do poder, para manter a ordem e garantir a tranquilidade através da ideologia e da hierarquia;

· poder é indivisível, porém deve ser compartilhado a bem da tranquilidade do círculo societário;

· poder é atemporal, invisível, transcendente, perene, autojustificável, basta-se a si mesmo;

· sistemismo é o amálgama das tendências totalitaristas do poder com a necessidade de compartilhamento do poder através da hierarquia.

Dilema das esquerdas no Brasil:

· populismo ou luta de classes?

Como é o homus politicus: Pavlov, Freud ou Marx?

Os tipos humanos ideais podem ser classificados em: os políticos, os quais ambicionam o poder mais do que qualquer outra coisa; os hedonistas, ou utilitaristas, os quais buscam o máximo de satisfação e prazer com o menor esforço; ou, os econômicos, os quais buscam a riqueza a qualquer custo mais do que qualquer outra coisa.

É claro que o tipo real é uma mistura em variadas proporções destes tipos ideais.

É a partir de cada um destes tipos que são construídos os modelos de expectativas de comportamentos dos consumidores, eleitores e cidadãos ou indivíduos dentro de cada enfoque teórico: sistemista, dos jogos, institucionalista, marxista, liberal, democrático, econômico, sociológico, patrimonialista, antropológico, corporativista, imperialista, internacionalista e internalista.

· O problema da implantação do socialismo real pode ser resumido na pergunta de Stalin: "O quê fazer?"

Como seriam as instituições socialistas?

Como chegar lá, e como reconstruir os padrões culturais de comportamento dentro de uma sociedade que não existia ainda?

Enquanto reformistas e revolucionários debatiam a melhor alternativa para a transição para uma nova sociedade que transcendesse ao capitalismo, a revolução soviética materializava-se na saída real, mas em outras partes do mundo o projeto político da reforma competia com o modelo de transformação revolucionária, como foi na Suécia, Dinamarca, Grã-bretanha, França, Alemanha e Espanha onde os partidos socialista e laboristas chegavam ao poder através do voto depois de um longo período de amadurecimento das ideias e ideais socialistas nas elites, classe-média e povo em geral, nesta ordem.

· O populismo e as esquerdas constituíram dilemas teóricos e de praxis em campos opostos, e esta dificuldade de compreensão dos caminhos paralelos que estes movimentos tiveram foi provavelmente o resultado do mais bem sucedido processo de construção de uma alternativa teórica para o movimento de massa da classe operária desde a Revolução Francesa.

A competição estabelecida entre os dois movimentos pela redenção da classe proletária diante do paradoxo de ser maioria e ser dominada pela elite ensejou que duas abordagens competissem no sentido de: harmonizar os interesses, e, a outra, a marxista, de exacerbar e de enfrentar o conflito de interesses vistos como inconciliáveis por meios pacíficos entre produtores e consumidores, pobres e ricos, proletários e capitalistas.

A intermediação do estado serviria para conciliar interesses, no corporativismo, como pólo aglutinador de interesses corporativos, ou, na perspectiva contrária, a marxista, onde o estado é tomado na instância alienista de estar a serviço do capitalismo por isto deveria ser destruído.

· Os movimentos de esquerda não foram capazes de empolgar a multidão, a massa, o povo, pois utilizam uma retórica racional demais e muito pouco concreta com relação aos objetivos e ações práticas, por isto fica difícil se entender os seus objetivos, métodos e propósitos, que parecem focados para uma parte da população, os trabalhadores, camponeses e operários, excluindo os pobres, desempregados e os lúmpen.

· POLOP (POLítica OPerária) a AP (Ação Popular), levam as suas divergências internas para um debate público que pouco contribui para esclarecer os já obscuros objetivos com relação à população com relação à construção de uma novo tipo de sociedade que nunca existiu, por isto não consegue transformar em luta de classe os movimentos populares, o populismo é então apropriado pelos líderes carismáticos que passam do discurso à prática sem no entanto aumentarem a consciência crítica com relação ao processo de entendimento político como a solução para o início das mudanças.

1. Falta de consciência de classe nos movimentos sociais (populismo = reformismo);
2. Não conseguem transcender ao oportunismo populista (incorporação das demandas pelas classes dirigentes) para a luta de classes;
· nacionalismo: foi uma bandeira cara aos movimentos

populares e principalmente aos tenentes e aos comunistas.

· populismo: representou um processo concorrente aos movimentos classistas ideológicos porque incorporava muitas das demandas das classes trabalhadores e com isto eliminava o potencial de conflito de classe, criando um novo tipo de coesão de classe sem construir uma consciência revolucionária na perspectiva de uma revolução de classe;

· ditadura: foi a resposta possível à quebra das expectativas políticas das elites dominantes em manter o povo afastado do núcleo de decisões do poder central, através do isolamento entre as elites e o povo e da desarticulação da classe política através da proibição das atividades político-partidárias;

· direitos dos trabalhadores: foi uma resposta ao crescente aumento das populações urbanas e dos imigrantes europeus e também o alinhamento com o processo social e político na Europa e nos EUA, diante no New Deal, Keynesianismo, Welfare State, da Revolução de Outubro de 1917 na Rússia, do surgimento do fascismo com Mussolini na Itália, do Militarismo imperialista no Japão, do nazismo na Alemanha, e salazarismo em Portugal;

· revolução de classe: é uma expectativa da transformação da sociedade capitalista em um tipo de sociedade socialista através da mudança de consciência de sua condição de classe majoritária e da consciência do processo de exploração a que está submetida pela classe minoritária chamada capitalista, que pela astúcia ou pela violência teria iniciado o processo de acumulação capitalista, por isto entende que toda propriedade privada é um roubo (1780, Brissot de Warwille, apud Proudhom)

· propaganda política: tem o objetivo de formar, reforçar, modificar e reformar preferências políticas.

O processo de formação de preferência política para surtir os efeitos desejados, deve causar impacto sobre os sentidos do indivíduo visando atingir o seu senso de valores.

A estratégia de ação e a propaganda política trabalham nesta linha de sensibilização do indivíduo afastando-se dos apelos à razão e utilizando-se mais intensamente dos apelos aos sentidos.

O Brasil herdou um passado marcado pelo forte centralismo das cortes portuguesas, chegando a ser Vice-reino de Portugal, com a presença em seu território de uma monarquia européia, com D. João VI e D.Pedro-I, tendo sido também um império independente com o Príncipe D.Pedro II.

O traço mais marcante deste processo foi, além do traço cultural das cortes centralizadoras, o caráter agrário e fechado das oligarquias que sucederam as monarquias, cujo comportamento excludente em relação à população em geral mostrou que o Brasil seria uma nação com duas castas: os oligarcas e o povo.

Neste sistema a oposição à oligarquia agrária tem sido ocupada em períodos alternados pelos liberais, pelos comunistas, pelos nacionalistas, pela classe média, pelos populistas, pelos tenentistas e pelos anarquistas.

Este processo de revezamento sistemático entre liberais e conservadores no comando da política no Brasil vem desde os tempos do parlamentarismo do Império que começou em 22 de maio de 1847 com o primeiro ministro Manuel Alves Branco do Partido Liberal, daí em diante o Partido Liberal ocupou o gabinete mais quatorze vezes, o Partido Conservador ocupou o ministério por quatorze vezes, a liga Progressista três vezes; após a Proclamação da República, depois dos períodos de Deodoro da Fonseca e de Floriano Peixoto iniciou-se no governo do Presidente da República Campos Sales (Manuel Ferraz de) em 15 de agosto de 1898 a política dos governadores, que baseou-se no esquema de café-com-leite onde os estados de Minas Gerais e São Paulo revezavam-se na presidência da república até ao final governo do presidente Washington Luiz Pereira de Souza que tentou quebrar o pacto com a indicação de um paulista para sucedê-lo, ele que veio de São Paulo, sendo deposto e assumindo em seu lugar a junta governativa no lugar do vencedor das eleições Júlio Prestes, então completou-se o golpe de estado que deu posse a Getúlio Vargas em 3 de novembro de 1930.

Este esquema de conciliação das elites entre liberais e conservadores fica patente não só nestes casos, como é sintomático que a nossa independência tenha sido deflagrada e proclamada por um nobre de origem portuguesa, D. Pedro-I, e que a república tenha sido proclamada por um dos amigos mais íntimos do imperador D. Pedro-II, Mal Deodoro da Fonseca, que na madrugada anterior à proclamação fora convencido e forçado a proclamá-la, motivada pela ideia da vingança dos ex-escravocratas contra a Lei Áurea, da Questão Militar (criação de um plano-pecúlio para a aposentadoria dos militares) e da Questão dos Bispos (se deveriam seguir as lei no Brasil ou ao Vaticano), obrigando o ex-imperador a fugir de madrugada para que o povo não se revoltasse com o golpe contra o tão bem-amado e popular D. Pedro-II.

Não é por acaso que a capital federal tenha se situado durante o império e na primeira fase da república no Rio de Janeiro que está convenientemente à meio distância de

São Paulo e Belo Horizonte, a quatrocentos quilômetros de cada umas destas cidades, hoje Brasília, o atual Distrito Federal, encontra-se à meia distância entre Rio de Janeiro e São Paulo, a mil quilômetros de cada uma delas. Completando o quadro de evidências do caráter conciliador das elites liberais-conservadoras, hoje a composição da Câmara dos Deputados está dividida entre os estados do Sul-Sudeste de um lado e do outro os estados do Centro Oeste-Norte-Nordeste, estes dois blocos têm respectivamente 50% do número de cadeiras do total (513), sendo que o bloco Sul-Sudeste possui 58% da população e do eleitorado brasileiros, portanto cerca de oito milhões de pessoas e de eleitores têm o seu voto esterelizado no bloco Sul-Sudeste para que o equilíbrio geopolítico dos dois grandes blocos seja alcançado.

Por causa deste processo de anulação de representatividade dos eleitores do Sul-Sudeste caso o processo eleitoral fosse equânime o PSDB e o PFL perderiam 31 deputados federais cada, o PMDB ganharia 19 deputados federais, o PT ganharia 15 deputados federais, o PPB ganharia mais 5 deputados federais e o PDT ganharia mais 10 deputados federais, caso o sistema proporcional fosse abolido o PT deixaria de dar carona a 17 deputados dos nanicos de esquerda, aumentando sozinho a sua bancada federal, pois o PC do B (Partido

Comunista do Brasil) e o PPS (Partido Popular Socialista) elegeram deputados federais sem nem sequer terem atingido o coeficiente eleitoral.

Com isto cerca de 10,7 milhões de eleitores do Sul-Sudeste teriam os seus votos computados, assim o Sul-Sudeste teria passado para cerca de 295 deputados federais ao invés dos atuais 256 deputados federais, e as regiões Centro-Oeste e Norte-Nordeste passariam dos atuais 257 deputados federais para 218, respectivamente 57,5% e 42,5% pela transferência de 39 cadeiras de um bloco para o outro, do norte (Co-N-Ne) para o sul (S-Se).

A bipolaridade Minas / São Paulo, durante o período da Política dos Governadores (café-com-leite) interferiu na formação e consolidação da classe política no Brasil, quebrando a unidade federativa, acirrando o conflito exportadores versus importadores, industriais, comerciantes, impedindo um processo avançado de industrialização, que só foi implementado com o afastamento da elite oligárquica patrimonialista agrária do núcleo de poder central através da ditadura de Vargas, que quebrou os parâmetros do modelo político desde o descobrimento, implementando um modelo no qual as elites dominantes não participariam do controle do Estado.

Dentre os tipos alternativos de modelo de

desenvolvimento pode-se destacar os seguintes modelos de industrialização: nacionalista, internacionalista, associado, ou, tríplice (estatal + estrangeiro + privado nacional).

Vargas preferiu aquele modelo que dava ao Estado maior controle e menos interferência das oligarquias locais.

As causas intrínsecas da subida de Vargas podem ser encontradas no processo de mudança na composição socioeconômica das populações das cidades: migrações internas e externas, a chegada de migrantes italianos que vinham socializados com ideais anarquistas e marxistas, com melhor educação e formação profissional, então o impacto destas transformações encontraram na ditadura e no populismo uma razão para justificar uma revolução cultural e política da sociedade e do sistema político brasileiro.

A urbanização e o efeito demonstração das luzes da cidade sobre as populações do campo que viviam encurraladas nos grotões sob o controle totalitário dos coronéis que remanesciam do sistema de lealdades e compromissos dos líderes e representantes políticos atrelados à política dos governadores desde Campos Sales, que através dos partidos republicanos estaduais, viram com Vargas o fim dos partidos republicanos estaduais e depois de Vargas, o surgimento dos partidos nacionais e partidos regionais e de massa: mas isto significou mudanças na classe política?

A tentação caudilhesca no Brasil não termina, a prova é que depois de 1947 contam-se entre os populistas os Ex-Presidentes da República: Vargas, Quadros e Kubitscheck.

A grande mudança no processo de reconstrução do Estado foi a tentativa de criação de uma política externa de independência. Quadros, Vargas, Goulart e Kubitscheck.

No âmbito interno a mudança foi a sistematização das ações do governo federal através da planificação e centralização da economia, o que representou um avanço se considerarmos que a empresa majoritária representante dos plantations era a empresa rural: este tipo de empreendimento mantinha relações extremamente defasadas do mundo capitalista, haja vista que começou a formar-se na época da mão-de-obra escrava e não soube adaptar-se nem compreender e tirar vantagens do modo capitalista de produção; seria ela capitalista ou patrimonialista? seriam os seus operadores trabalhadores rurais ou servos da classe camponesa?

As mudanças tem sido adiadas pelas elites oligárquicas graças, segundo os internalistas, à coesão e às eventuais coalisões entre as oligarquias e a burguesia seja industrial, comercial e/ou financeira contra o inimigo comum que é o povo: o caráter desta coligação é antidemocrática, antipopular e antipartido, por este motivo o sistema político é o mais visado pelos processos de mudanças para desorganizar e desestruturar os processos que possam ameaçar a hegemonia desta coalizão.

À medida que a democracia aumenta a participação popular e a sua representatividade, mais casuísmos legais são criados para anular ou minimizar a representatividade do voto e da participação das vanguardas que estão identificadas com as populações urbanas educadas.

Procura-se valorizar o voto das populações onde o governo das elites ainda consegue maior apoio, não é sem razão que vão buscar no interior dos estados, nas periferias das grandes cidades, no interior do Brasil e nas regiões Norte e Nordeste o apoio para a classe política dominante.

É nestas localidades que o governo mantém a sua legitimidade e para estes núcleos que são distribuídos criteriosamente os valores sociais em troca do apoio e da fidelidade.

Este sistema patrimonialista, clientelista e neocoronelista mantém a estrutura de relações paternalistas e impede que o processo de mudanças e progresso libertem estas populações desta dependência. mas quando uma mudança se prenuncia novos instrumentos são alocados e novos casuísmo são criados.

Segundo Maquiavel é legítimo a utilização de qualquer recurso para a manutenção do poder, porém há que se lembrar que o progresso social coletivo está sendo impedido pois se opõe aos interesses e conveniências que limitam e condicionam a linha estratégica desde jogo, como ficou provado no estudo de caso em que é comparado o caso da Argentina versus Austrália.

A conclusão que é que a elite agrária que forma a classe dirigente da Argentina é diferente da elite dirigente da Austrália que não é uma oligarquia agrária.

Portanto, por ser o setor industrial muito mais competitivo, com uma produção de valores agregados numa escala muito maior do que o setor agrícola o comparativo da eficiência conglobada setorial não permite questionar que o desenvolvimento industrial foi o fator de distanciamento entre os dois países considerados, o que explica politicamente que a diferença entre os dois pode ser creditada à qualidade da composição da classe dirigente da Austrália.

O mesmo aplica-se ao Brasil.

Somente com o afastamento em dois momentos desta oligarquia agrária o Brasil conheceu surtos de desenvolvimento: com Vargas e com os militares de 1964-85, ambos períodos de ditadura.

A razão do sucesso pode ser creditada ao afastamento das elites agrárias do poder, a ditadura funcionou como a variável interveniente pois afastou as oligarquias do núcleo de poder, temporariamente, o suficiente para que o Brasil desse saltos qualitativos no desenvolvimento.

Nova era do Sistemismo Mundial

Estamos no limiar de uma nova era do sistemismo no mundo.

As velhas teorias e os velhos métodos precisam ser revistos.

O novo projeto de consenso não prevê a existência da sociedade, isto implica na extinção da noção de grupos organizados de defesa de interesses de classe ou de massa.

Ações são requeridas neste momento, a estratégia agora é o enfrentamento indireto, a guerrilha, o engodo, o convencimento, a difamação, a confusão, é preciso abandonar por ora as grandes manifestações de força.

Vamos partir para um novo conjunto de estratégias de infiltração e de guerra de posição, envolvendo o inimigo em suas próprias contradições ideológicas.

Não é o momento de atos heroicos, precisa-se de profissionais de marketing político, de gente determinada e flexível, é preciso conquistar as consciências das massas inertes através da emoção, as massas não entendem de razão, elas compreendem melhor ideias simples e diretas.

É preciso afastar os amadores e os voluntaristas de nosso meio, o consenso mundial derrotou a democracia e a liberdade, estamos sendo vigiados e monitorados por uma rede jamais montada pela civilização.

Temos que abandonar os meios de comunicação eletrônicos, dissimular as palavras, os textos, os jornais, agir na surpresa e na calada da noite, sermos discretos, silenciosos e vigilantes.

Estamos em guerra contra um inimigo mais terrível que a humanidade já concebeu, ele disfarça a sua tirania, de democracia, enquanto faz calar todo e qualquer tipo de pensamento divergente.

Não há como enfrentar um inimigo tão poderoso de frente, temos que agir com mais astúcia e cuidado.

Alerta permanente, cuidado constante, sempre censurando os comunicados e conversas, observar ao redor e cuidar o que e com quem falar, a criação de um serviço de inteligência é urgente, este serviço deverá ser a espinha dorsal juntamente com a desinformação apoiado na terceira perna que é a ação coordenada e centralizada contra os novos tiranos do mundo.

A Contrarrevolução: O Fim do Socialismo
O antimanifesto comunista de Heinrich K M
I – O Fim do Socialismo
"A História jamais se repete: a não ser como farsa" (Marx, apud Proudhom).
Precisamos de uma nova revolução. Talvez, de uma contrarevolução socialista. Talvez de uma revolução diferente.
Fazendo-se o balanço da experiência revolucionária socialista mundial iniciada com a publicação de "O Manifesto Comunista" de Heinrich Karl Marx em 1848, não há mais como defender-se a repetição da malsucedida experiência da ex-URSS União das Repúblicas Socialistas Soviéticas e de seus Satélites comunistas; mais ainda: as contrarrevoluções socialistas materializadas nas

experiências inacabadas das Sociais-democracias e dos Estados de Bem-estar Sociais.

O materialismo histórico sepultou para sempre o Socialismo, aliás, com fora profetizado por Marx em 1848.

O balanço da experiência da revolução da esquerda, no mundo inteiro, aponta para o fracasso da estratégia da revolução que conduziria ao comunismo, se fosse bem sucedida, a qual cumprira os objetivos-fases colimados por Marx:

a) Superação da burguesia;

b) Implantação da Ditadura do Proletariado;

c) Fim da Luta-de-classes, Fim do Estado;

d) Implantação do comunismo anárquico.

II – Tese e Antítese

O que aconteceu?

Antes de tornar-se hoje uma classe (no sentido marxista de classes sociais) reacionária, a burguesia fora uma classe revolucionária.

A burguesia fora uma classe revolucionária no Séc. XIV.

Revolucionou a História social ao superar e destruir toda a estrutura baseada na suserania e vassalagem do

Feudalismo.

Com o fim do Sistema socioeconômico Feudal, de toda a sua estrutura e superestrutura, sua organização e ideologia teocrática, substituídas pelas monarquias, e depois pelas repúblicas, para finalmente, serem substituídas pelo sistema de democracias de todo gênero.

O sistema Feudal de economia fechada e autóctone fora substituído a princípio pelo Mercantilismo e Colonialismo.

O Mercantilismo Imperialista colonial foi superado pela Revolução Industrial, que inspirada pelo Iluminismo, tal qual o movimento de Renascença e do movimento Humanista antropocêntrico foram importantes para nortearem e superarem a Idade Média.

A Revolução Industrial abriu o seu caminho apoiada na Revolução Científica que se materializou em descobertas e invenções, como, por exemplo: as máquinas a vapor, a eletricidade, e o petróleo.

Com isto, esse ambiente antiparadigmático, positivista, tecnológico, ateísta, cético, libertário proporcionou a expansão demográfica, melhor seria dizer explosão demográfica e cultural, a urbanização, o nacionalismo, a criação de uma burguesia industrial e financeira que se uniu à burguesia comercial nascida antes, durante o

Mercantilismo, consolidando o capitalismo-liberal-ocidental-democrático-cristão.

Incorporando-se aos comerciantes e artesãos burgueses as novas categorias profissionais dos operários assalariados e camponeses formaram um complexo de mão de obra ao qual Marx chamou de proletariado, sumarizando-os em duas categorias analíticas dialeticamente opostas: proletários e capitalistas.

Estava formado o par antitético fundamental da teoria marxista sobre o Capitalismo.

Em oposição às relações feudalistas, as quais eram construídas pelas bases tradicionalistas de laços de lealdades e fidelidades primárias, estas novas classes marxistas criadas firmaram-se nas relações burocráticas baseadas em contratos de trabalho que não se sustentavam apenas na lealdade, nem em fidelidades, mas em obrigações, direitos e deveres estatuídos em leis entre os proletários e os capitalistas.

Para suportar tais contratos foi necessário reformular o arcabouço jurídico através da constituição de novas leis e de novas instâncias jurisdicionais: os tribunais de justiça dos Estados de Direito Laico nacionais e no foro internacional.

No diagnóstico marxista, os proletários eram vítimas da exploração assimétrica do capital pela classe burguesa.

Em geral, os proletários assalariados deveriam libertar-se do jugo e do jogo de exploração da classe dominante.

A maior libertação do proletariado, nos dias atuais, foi a consciência de classe autônoma, classe-para-si, com identidade de instituição.

A desvitimização do trabalhador agora livre de culpa da exploração capitalista, e libertos do estigma da exploração unilateral e inescrupulosa que não cabe mais nos dias atuais, através do contrato social, que fora insculpido nas leis sociais, deixando na retórica marxista antiga a vitimização dos coitadinhos, explorados e vítimas do capital e do sistema de exploração de mão de obra capitalista.

O contrato de trabalho os redimiu de culpa, estabilizou relações trabalhistas, através de mecanismos institucionais como: rede de proteção social, contrato coletivo de trabalho, substituto processual, associações de classe, sindicatos e federações de trabalhadores, partidos trabalhistas, amenizando, minimizando e atenuando a exploração em uma relação contratual menos assimétrica a ponto de atualmente a contrarreforma social-laboral discutir a redução dos ônus da mão de obra para os patrões e para o custo marginal dos produtos e serviços que demandam mão de obra.

O trabalhador atualmente não é um mero insumo, e nem um objeto de consumo capitalista.

O papel do Estado cada vez mais é o de: estabilizar os contratos trabalhistas, fornecer a garantia das leis, exercer o monopólio da violência legítima através da coação e coerção, garantir os contratos.

Ao par disto, assumiu o Estado o papel de alavancar o desenvolvimento econômico e social, cuidando e garantindo o usufruto e a disponibilidade dos bens intangíveis, dos bens de mérito, dos bens de capital, dos investimentos trans-horizontes de retorno duvidoso, dos investimentos e empreendimentos economicamente inviáveis, porém necessários à nação, visando a distribuição social do acesso à saúde, educação, segurança, igualitarismo e justiça.

Durante muitas décadas combateu-se o inimigo errado. Fruto do erro de diagnóstico.

Nunca existiu o capitalismo internacional, nunca existiu o proletariado internacional, nem nacional.

Nunca existiu a conspiração ou a orquestração capitalista contra a classe trabalhadora.

Ao invés disso, assistimos a uma competição feroz entre os capitalistas, competição intraclasse, extraclasse e interclassista.

Por quê os capitalistas do sistema financeiro são os algozes dos capitalistas industriais os quais reclamam eternamente da exploração dos banqueiros no fornecimento de garantias para o financiamento do capital de giro e do capital formador e indutor dos negócios. (investimentos e empreendimentos).

Da mesma maneira que os industriais reclamam dos banqueiros, os comerciantes atacadistas reclamam eternamente da exploração dos contratos leoninos abusivos que os fabricantes lhes impõem.

Os capitalistas descapitalizados reclamam, enquanto produtores isolados, da exploração que os atravessadores, na realidade, atacadistas ou intermediadores, que muito mais capitalizados, os submetem, reduzindo a sua autonomia administrativa.

Os pequenos comerciantes e os consumidores, fragmentados e atomizados, dificilmente conseguem se impor às condições de aquisição de mercadorias no final da cadeia de produção e consumo desde a matéria prima até o produto acabado.

Assim, no topo da cadeia de produção capitalista figuram os banqueiros maiores, que tutelam os menores, que financiam e irrigam de capital monetário e creditício todos os elos da cadeia de produção e suprimento-consumo desde a concepção do negócio, passando pela matéria-prima até a pós-venda e o pós-consumo final.

Como foi possível se acreditar por tanto tempo na existência de um grupo monolítico, orquestrado e orquestrando, conspirando, conspurcando, organizando a expropriação capitalista com o objetivo de oprimir o proletariado?

Somente a paranóia marxista poderia produzir teoria tão prosaica e extravagantemente conspiratória, conspurcando a verdade e a lógica, atropelando a realidade dos fatos objetivos, sem nenhuma confirmação na História.

Como acredito na honestidade de Heinrich Karl Marx, e em sua boa fé, apenas posso creditar tal comportamento do Mestre à sua ignorância com relação à Teoria dos Sistemas Gerais.

As três teorias conhecidas que tentaram explicar o mundo como um todo trabalham com cenários diferentes, e variáveis independentes idem.

Chegam à diferentes inferências:

a) A Teoria do Sistema Mundo, de Immanuel Wallerstein,
b) a Teoria do Imperialismo, de Rosa de Luxemburgo, e a sua variante,
c) a Teoria da Dependência, de Faletto e Cardoso, e,
d) a Teoria dos Sistemas Gerais, de Bertalanffy.

O que está em risco não é a classe trabalhadora, mas sim, o trabalho humano está ameaçado de superação pela tecnologia da Cibernética, da Informação e da robótica e máquinas inteligentes, segundo a previsão correta de Marx, porém antes disso se concretizar, o modo de produção capitalista financeiro-industrial deveria passar pela etapa da superação socialista, através da revolução do proletariado.

O que aconteceu de errado, ou de imprevisto, foi o fracasso da revolução socialista e com ela ficaram obsoletas, superadas e anacrônicas, consequentemente, inúteis as categorias analíticas ontológicas sobre as quais se constituíram o marxismo, que são: (seriam)

a) A Internacional capitalista;

b) A classe proletária;

c) A classe burguesa nacional e internacional;

d) A ditadura do proletariado.

Tais categorias analíticas ontológicas teóricas do marxismo não resistiram ao teste do materialismo histórico.

O conceito sociológico de classes está subjacente ao conceito antropológico de instituição.

Uma instituição social é um conjunto de expectativas de comportamento cognoscíveis.

Assim as classes marxistas (classe proletária e burguesa) não se enquadram nesta categoria antropológica, nem no conceito de instituição.

III – As Classes Sociais

O teste de classe consiste em verificar a existência de expectativas de comportamento cognoscível, Isto é: comportamento homogêneo ou convergente.

Por exemplo: quer-se provar a existência da classe trabalhadora.

A classe trabalhadora caracteriza-se e constitui-se através de uma relação entre empregado e patrão, ou entre o trabalhador e a sua chefia ou dirigente, vinculando-se um ao outro através de um contrato entre as partes.

O contrato é uma lei entre as partes que atribui obrigações, direitos e deveres que não podem ser alterados unilateralmente nem autonomamente por qualquer das duas partes do contrato, exceto mediante acordos subordinados às leis estatuídas pelo Estado. Para este acordo vigir este deve estar de acordo com as leis do Estado.

Caso haja conflitos, dúvidas ou restrições neste contrato o Estado oferece para isso o poder judiciário para julgar e mediar o conflito de interesses.

A grande dificuldade para encontrar-se um ponto comum que caracterize uma classe reside na natureza multifiliada dos indivíduos.

Para pertencer a uma classe social o indivíduo deve coerência e lealdades primárias a esta classe e seguir os seus estatutos, escritos ou costumeiros.

Acontece que um mesmo indivíduo deve lealdade, por este princípio, aos diferentes grupos e classes a que pertence ou frequenta, simultaneamente: deve lealdade ao seu clube de futebol, à sua família, à sua etnia, à sua cultura ou subcultura, à sua crença religiosa, à sua sexualidade de gênero, à sua profissão, à sua categoria de escolaridade, à sua nacionalidade, à sua naturalidade, às suas amizades, à sua ideologia, ao seu partido político, enfim, em resumo aos status a que faz jus.

Como seria possível a um mesmo indivíduo prestar tantas lealdades a cada um destes grupos e classes a que pertence simultaneamente sem entrar em conflito consigo mesmo e com estes grupos e classes?

Como evitar tanta contradição?
Isto acontece o tempo todo. Portanto, o teste de classes refuta o próprio conceito de classe enquanto instituição.

As classes poderiam existir somente de forma condicional, contingente e transitória.

As classes são entidades virtuais e não instituições reais.

Uma classe só possui existência institucional fazendo-se as devidas simplificações dentro do processo metodológico de controle e abstração de variáveis, como exige a metodologia científica empiricista positivista. Abstrair variáveis significa simular condições ideais eliminando-se do cenário de observação as interferências não-desejáveis, embora ali presentes, de fato.

Condições estas jamais encontradas no mundo real, onde não se poderia controlar o ambiente experimental, garantindo-se as condições ideais de certas abstrações irreais.

A divisão social em classes não passa de uma dessas abstrações dentro de um constructo teórico apenas para argumentar, dentro de um quadro hipotético dedutivo distante da realidade.

A divisão da sociedade em substratos não permite atribuir às divisões socioestruturais em categorias econômicas, etárias, sexual, escolaridade, localização geográfica, para indicar tendências e previsibilidade de comportamento social, porque o indivíduo permeia todas estas categorias..

O resultado do teste de classes assim como o da estratificação socioeconômica estrutural sobre a existência das classes refutou a possibilidade da existência delas.

Teóricos de esquerda com Robert Mitchells verificaram que a constituição de qualquer grupo, com observou no Partido Social Democrata alemão, acabou gerando uma elite dirigente que inicialmente constituída de iguais acaba se destacando do restante do grupo pela obtenção para si de privilégios, passando a ser opressora, dirigente, burguesa.

Mitchells chamou a este fenômeno de "Lei de Bronze das Oligarquias". Isto destrói o conceito de classe proletária.

IV –Materialismo Histórico

As crises do capitalismo geradas de suas próprias contradições internas não foram suficientes para destruí-lo, propiciando a abertura para a sua superação histórica pelo Socialismo.

A simples ocorrência de crises dentro do capitalismo não sinaliza o seu fracasso se estas crises não forem suficientes para a sua autodestruição.

Crises que não são terminativas não investem a favor do Socialismo.

Tais crises servem apenas para reafirmarem a capacidade

de transformação, de adaptação e de sobrevivência do Capitalismo e reafirmar a sua perspectiva de continuísmo.

V – Ameaças Concretas

A refutação dos paradigmas e constructos da teoria marxista, o encerramento da experiência socialista real refutada pelo materialismo histórico deixou como ameaça concreta aos trabalhadores a ameaça do fim do trabalho humano como valor, com mercadoria, no sistema capitalista.

Com o advento da tecnologia ATM Automated Teller Machine em 1980 (terminais bancários eletrônicos automatizados), cerca de 100 mil bancários viram os seus postos de trabalho evaporar e nunca mais repostos nos bancos.

É a tecnologia e automação que ameaçam os empregos. Os inimigos são: a tecnologia da informação, a automação, a robótica, a inteligência artificial, em lugar da luta-de-classes, esta última sepultada pelo materialismo histórico e pela epistemologia da última revolução.

VI – Trabalho Humano versus Automação

Ao avaliar a competição do trabalho humano e a automação existem aspectos a considerar nas perspectivas da eficácia e da eficiência.

a) O trabalho humano pode ser eficiente, mas pode não ser eficaz;

b) O trabalho produzido pela automação pode ser eficaz, mas pode não ser eficiente.

Ainda não foi possível verificar-se a viabilidade econômica de aplicação da tecnologia da informática, da automatização, robótica e inteligência artificial.

Os custos financeiros destas tecnologias são inviáveis por que:

b.1) A automação, a robótica, a tecnologia da informação, a inteligência artificial requer um alto investimento em aquisições, implantação, implementação, manutenção, e de treinamento-reciclagem de pessoal;

b.2) A automação, a robótica, a tecnologia da informação, a inteligência artificial ficam rapidamente obsoletas e requerem uma constante atualização a prazos cada vez mais curtos, os quais implicam em (b.1).

A experiência da automação no Jornal norteamericano Washington Post e na fábrica Toyota demonstram que os custos em TI, robótica, automação e IA crescem de modo exponencial e completamente imprevisíveis, tornando-os inadministráveis.

Por que as empresas continuam agindo assim em busca da automação?

a) Por que as empresas concorrentes, também o fazem;

b) Por que a qualidade e rapidez da produção são incomparáveis à habilidade humana;

c) Por que o trabalho humano não pode superar a qualidade, capacidade, velocidade e precisão destas tecnologias.

Como romper com estes paradigmas é uma questão a ser resolvida.

VII – Conclusões

Superados os instantes de hesitação do passado, derrogados pelo materialismo histórico, e submetidos ao método dialético, apoiados pelo princípio do devir constante e contínuo da História é que se buscará superar e transcender ao discurso fácil da desculpa da vitimização da pseudoclasse trabalhadora explorada no insustentável e inexistente conflito de classes.

- Assim, foram sepultadas ilusões e desculpas pelo materialismo histórico, as certezas de que o trabalhador é vítima de :

a) Exploração pelo capitalista;

b) Coitadinho;

c) Ingênuo;

d) Inocente vítima do sistema capitalista.

VIII – Propostas

1 – Superar os conceitos teóricos desalinhados e destituídos pelo materialismo histórico;

2 – Superar as categorias analíticas já desconstruídas pelo materialismo histórico;

3 – Superar todas as previsões e conseqüências auguradas pelos constructos teóricos e pelas categorias analíticas refutadas pelo materialismo histórico e pela epistemologia.

Assim, poder-se-ia pensar em constituir-se um consenso, sabendo-se que os conflitos de interesse são estruturais, inerentes, pontuais, contingentes às relações sociais, característicos ao sistema social e aos seus processos, porém, superáveis, pois são inevitáveis e permanentes, podendo ser construtivos uma vez que podem ser a motivação de mudanças sociais, deste modo de ver, construtivos na perspectiva estruturalista, conforme previu Marx, na perspectiva dialética da busca de síntese haurida do conflito gerado das contradições do próprio processo antitético.

Construir a unidade apesar da adversidade e da diversidade, e, a partir das diferenças, das contradições e dos conflitos, que, não podendo ser eliminados na sociedade pois, constituem a matéria-prima da mudança e evolução social.

O conflito, na perspectiva estruturalista, é dialético, é o principal motor das transformações, inspirador da evolução, revolução e reformas sociais.

Fator limitante é aquele dentre os fatores imprescindíveis à vida o que existir em menor oferta, limitando o desenvolvimento ou a sobrevivência da população severamente, e sem o qual a população fica ameaçada mesmo que abundem os demais fatores necessários à sobrevivência.

ROUSSEAU, Jean-Jacques. Discurso sobre as Origens e os Fundamentos das Desigualdades entre os Homens. São Paulo : Nova Cultural, 1999. Primeira Parte, Discursos. p.25.

Manuel Vitorino foi presidente interino por breve período por causa da doença de Floriano Peixoto.

Art 45, §1ºCF/88..."nenhuma das unidades da federação tenha menos que oito ou mais que setenta Deputados".

TAFNER, Paulo. Desproporcionalidades e exclusão no Brasil. In : IPEA. A economia brasileira em perspectiva 1998. Rio de Janeiro: IPEA, 1998.

Passim. SOUZA, Maria do Carmo Campelo. Estado e partidos políticos no Brasil. 2.ed. São Paulo: Alfa & Ômega, 1983.